Natacha Arnoult & Laurence Du Tilly

Macarons et Millefeuilles

sucrés & salés

Photographies Valéry Guedes

Stylisme Natacha Arnoult

Éditions France Loisirs

Les recettes de macarons sont de Natacha Arnoult
Photographies : Valéry Guedes / Stylisme : Natacha Arnoult
Mise en page et photogravure : APS/Chromostyle

Les recettes de millefeuilles sont de Laurence du Tilly
Photographies : Valéry Guedes / Stylisme : Natacha Arnoult
Mise en page : Chantal Guezet
Photogravure : Point 4

Direction littéraire : Corinne Cesano
Édition : Delphine Depras
Responsable artistique : Vu Thi
Graphisme : Julia Philipps
Fabrication : Laurence Ledru

France Loisirs – 123 boulevard de Grenelle – 75015 Paris – www.franceloisirs.com

ISBN : 978-2-298-05071-4
N° éditeur : 65039
Dépôt légal : janvier 2012

Achevé d'imprimer en France par PPO Graphic, décembre 2011

Sommaire

Introduction

Trouvaille italienne à base d'amande et de sucre, doré par la cuisson, le macaron s'est imposé comme une spécialité régionale avant d'être décliné à tous les parfums, et dans toutes les couleurs, par la haute pâtisserie parisienne.

Croquant et moelleux, le macaron est toujours délicat. Composé de blancs d'œufs, d'amandes et de sucre, le macaron a la réputation d'être difficile à réaliser. Les macarons italiens (amaretti) et régionaux sont les plus faciles. Quant aux macarons parisiens, il existe plusieurs façons de les confectionner ; l'une utilise du sucre cuit (ce qui nécessite un thermomètre), et l'autre des blancs montés, technique beaucoup plus simple. Seule celle des blancs montés est présentée dans ce livre, et, avec un peu de pratique, vous verrez qu'il n'y a rien de bien sorcier à réaliser des macarons... Par la suite, une fois cette méthode bien en main, à vous les nouveaux parfums et les couleurs inédites !

Délicieux et délicat tel quel, dégusté avec un bon café, le macaron s'intègre aussi très bien dans certaines préparations ou recettes (tartes, glaces, entremets), où il viendra offrir douceur et caractère.

Le macaron est devenu aujourd'hui non seulement incontournable, mais aussi ludique, et le terrain d'expérimentation des meilleurs professionnels aussi bien que des pâtissiers amateurs. Alors, à vous de jouer !

Macarons chocolat-praliné

Un accord classique dont on ne se lasse pas. La ganache peut aussi être préparée avec du chocolat au lait.

Pour 20 petits macarons ou 10 gros

Pour les coques

100 g de blancs d'œufs clarifiés (soit 2 ou 3 blancs)

125 g d'amandes en poudre

225 g de sucre glace

30 g de sucre en poudre

1 pincée de crème de tartre

20 g de cacao en poudre

Pour la ganache

10 cl de crème fleurette

25 g de beurre

85 g de chocolat noir de couverture

250 g de praliné noisette (en pâte, dans les magasins pour pâtisserie)

• Préparez le chocolat : hachez le chocolat, puis faites-le fondre au bain-marie avec le praliné. Mélangez et retirez du feu. Portez la crème fleurette à ébullition, ajoutez-la au mélange chocolat-praliné et mélangez pour obtenir une masse homogène. Ajoutez le beurre. Laissez refroidir.

• Passez les amandes en poudre, le sucre glace et le cacao en poudre au robot, puis tamisez le mélange qui doit être fin et sec.

• Montez les blancs d'œufs en neige ferme avec la crème de tartre. Ajoutez le sucre en poudre et continuez de battre pendant 2 minutes pour bien serrer les blancs. Versez les poudres tamisées sur les blancs en neige, puis incorporez-les à la spatule souple. Macaronnez : soulevez la pâte du fond vers la surface, à l'aide de la spatule, jusqu'à ce qu'elle forme un ruban.

• Transférez la préparation dans une poche munie d'une douille ronde et dressez les macarons en quinconce sur une plaque à pâtisserie recouverte de papier sulfurisé. Laissez croûter 30 minutes à 1 heure à l'air libre.

• Préchauffez le four à 150 °C (th. 5). Posez la plaque de macarons sur une plaque froide pour que le dessous des macarons cuise moins vite que le dessus et que la collerette se forme. Faites cuire les macarons 10 à 12 minutes dans le four entrouvert. Retirez du four et laissez refroidir 1 heure avant de décoller délicatement.

• Garnissez les macarons de ganache. Réfrigérez 24 heures avant de déguster.

Macarons rose-noisette

Pour 20 macarons environ

Pour les coques

100 g de blancs d'œufs clarifiés (soit 2 ou 3 blancs)

100 g d'amandes en poudre

25 g de poudre de noisettes

225 g de sucre glace

30 g de sucre en poudre

1 pincée de crème de tartre

Quelques gouttes de colorant rouge

1 cuill. à café d'eau de rose

Pour la ganache

10 cl de crème fleurette

25 g de beurre

85 g de chocolat au lait de couverture

250 g de praliné noisette (en pâte, dans les magasins pour pâtisserie)

50 g de roses cristallisées

Un peu surprenante, cette association fonctionne bien et l'on devient vite accro ! Les roses peuvent être remplacées par des violettes cristallisées.

• Préparez la ganache : hachez finement les roses cristallisées. Hachez le chocolat et faites-le fondre au bain-marie avec le praliné. Mélangez et retirez du feu. Portez la crème fleurette à ébullition, ajoutez-la au chocolat praliné et mélangez pour obtenir une masse homogène. Ajoutez le beurre, puis les roses. Laissez refroidir.

• Passez les amandes en poudre, la poudre de noisettes et le sucre glace au robot, puis tamisez le mélange.

• Montez les blancs d'œufs en neige ferme avec la crème de tartre. Ajoutez le sucre en poudre, l'eau de rose et le colorant puis continuez de fouetter pendant 2 minutes.

• Versez le mélange amandes-noisettes-sucre glace sur les blancs en neige puis incorporez-les à la spatule souple. Macaronnez : soulevez la pâte du fond vers la surface, à l'aide de la spatule, jusqu'à ce qu'elle forme un ruban.

• Transférez la préparation dans une poche munie d'une douille ronde et dressez les macarons en quinconce sur une plaque à pâtisserie recouverte de papier sulfurisé. Laissez croûter 30 minutes à 1 heure à l'air libre.

• Préchauffez le four à 150 °C (th. 5). Posez la plaque de macarons sur une plaque froide et faites cuire les macarons 10 à 12 minutes dans le four entrouvert. Puis retirez du four et laissez refroidir 1 heure avant de décoller délicatement. Réservez au frais.

• Étalez un peu de ganache sur la moitié des coques puis assemblez-les avec les coques restantes. Réservez au frais pendant 24 heures.

Macarons citron-gingembre

Pour 20-30 petits macarons

Pour les coques

100 g de blancs d'œufs clarifiés (soit 2 ou 3 blancs)

125 g d'amandes en poudre

225 g de sucre glace

30 g de sucre en poudre

1 pincée de crème de tartre

Quelques gouttes de colorant jaune

Pour la crème citron gingembre

1 citron non traité

1 cm de gingembre frais

2 jaunes d'œufs

60 g de beurre

60 g de sucre en poudre

Pour une saveur de gingembre plus délicate, ou si vous ne trouvez pas de gingembre frais, remplacez celui-ci par 1 cuillerée à café de sirop de gingembre.

• Préparez la crème citron gingembre : épluchez le gingembre et râpez-le finement. Zestez et pressez le citron. Fouettez les jaunes d'œufs avec le sucre jusqu'à ce que le mélange blanchisse. Versez-le dans une petite casserole, ajoutez le jus de citron et le gingembre, puis portez à ébullition sur feu modéré en mélangeant. Baissez le feu et faites cuire 5 minutes. Retirez du feu et incorporez le beurre. Réservez au froid.

• Passez les amandes en poudre et le sucre glace au robot, puis tamisez le mélange.

• Montez les blancs d'œufs en neige ferme avec la crème de tartre. Ajoutez le sucre en poudre et le colorant, et continuez de battre pendant 2 minutes pour bien serrer les blancs.

• Versez le mélange sucre-amandes sur les blancs en neige, puis incorporez-les à la spatule souple. Macaronnez : soulevez la pâte du fond vers la surface, à l'aide de la spatule, jusqu'à ce qu'elle forme un ruban.

• Transférez la préparation dans une poche munie d'une douille ronde et dressez les macarons en quinconce sur une plaque à pâtisserie recouverte de papier sulfurisé. Laissez croûter 30 minutes à 1 heure à l'air libre.

• Préchauffez le four à 150 °C (th. 5). Posez la plaque de macarons sur une plaque froide. Faites cuire les macarons 10 à 12 minutes dans le four entrouvert. Retirez du four et laissez refroidir 1 heure avant de décoller délicatement.

• Garnissez les macarons de crème citron gingembre. Réfrigérez 24 heures.

Macarons orange-fleur d'oranger

Pour 20 macarons environ

Pour les coques

100 g de blancs d'œufs clarifiés (soit 2 ou 3 blancs)

125 g d'amandes en poudre

225 g de sucre glace

30 g de sucre en poudre

1 pincée de crème de tartre

4 gouttes de colorant rouge

4 gouttes de colorant jaune

Pour l'orange curd

1 orange

2 œufs

110 g de beurre

100 g de sucre

1 cuill. à café d'eau de fleur d'oranger

Délicieuse aussi, la version citron fleur d'oranger. Il suffit simplement de remplacer l'orange par 2 petits citrons.

• Passez les amandes en poudre et le sucre glace au robot, puis tamisez le mélange qui doit être fin et sec.

• Montez les blancs d'œufs en neige ferme avec la crème de tartre. Ajoutez le sucre en poudre et les colorants, puis continuez de battre 2 minutes pour bien serrer les blancs. Versez les amandes et le sucre tamisés sur les blancs en neige, puis incorporez-les à la spatule souple. Macaronnez : soulevez la pâte du fond vers la surface, à l'aide de la spatule, jusqu'à ce qu'elle forme un ruban.

• Transférez la préparation dans une poche à douille ronde et dressez les macarons en quinconce sur une plaque à pâtisserie recouverte de papier sulfurisé. Laissez croûter 30 minutes à 1 heure à l'air libre.

• Préchauffez le four à 150 °C (th. 5). Posez la plaque de macarons sur une plaque froide pour que le dessous des macarons cuise moins vite que le dessus et que la collerette se forme. Faites cuire 10 à 12 minutes dans le four entrouvert. Puis retirez et laissez refroidir 1 heure avant de décoller délicatement. Réservez au frais.

• Préparez l'orange curd : pressez l'orange. Placez le jus, les œufs et le sucre dans une casserole et faites épaissir 5 à 8 minutes en fouettant. Retirez du feu et continuez de fouetter 5 minutes. Ajoutez le beurre, puis l'eau de fleur d'oranger. Laissez refroidir puis réservez au frais 2 heures.

• Garnissez la moitié des coques d'orange curd et collez par-dessus les coques restantes.

Macarons moka

Pour 20 macarons environ

Pour les coques

100 g de blancs d'œufs clarifiés (soit 2 ou 3 blancs)

100 g d'amandes en poudre

25 g de poudre de noisettes

225 g de sucre glace

30 g de sucre en poudre

1 pincée de crème de tartre

Pour la crème moka

200 g de chocolat blanc de couverture haché

5 cl de crème liquide

1 cuill. à soupe de café soluble ou 1 cuill. à soupe d'expresso réduit

20 g de cacao en poudre

Ces macarons sont tout aussi délicieux avec une ganache au chocolat noir ou au lait. À savourer avec un bon expresso.

• Préparez la crème moka : faites fondre le chocolat haché avec la crème liquide et le café dans une petite casserole sur feu doux en mélangeant. Laissez refroidir complètement.

• Passez les amandes en poudre, la poudre de noisettes et le sucre glace au robot, puis tamisez le mélange.

• Montez les blancs d'œufs en neige ferme avec la crème de tartre. Versez le sucre en poudre et continuez de battre pendant 2 minutes. Versez les amandes et le sucre sur les blancs puis incorporez-les à l'aide d'une spatule. Macaronnez : soulevez la pâte du fond vers la surface, à l'aide de la spatule, jusqu'à ce qu'elle forme un ruban.

• Transférez la préparation dans une poche munie d'une douille ronde et dressez les macarons en quinconce sur une plaque à pâtisserie recouverte de papier sulfurisé. Laissez croûter 30 minutes à 1 heure à l'air libre.

• Préchauffez le four à 150 °C (th. 5). Posez la plaque de macarons sur une plaque froide et faites cuire 10 à 12 minutes dans le four entrouvert. Retirez du four et laissez refroidir 1 heure avant de décoller délicatement. Réservez au frais.

• Garnissez les macarons de crème moka et assemblez-les. Réservez au frais pendant 24 heures et saupoudrez de cacao au moment de servir.

Macarons fruits rouges et violette

Pour 20 macarons environ

Une combinaison douce et pétillante à la fois !

Pour les coques

100 g de blancs d'œufs clarifiés (soit 2 ou 3 blancs)

125 g d'amandes en poudre

225 g de sucre glace

30 g de sucre en poudre

1 pincée de crème de tartre

Quelques gouttes de colorant rouge

Pour la confiture de fruits rouges à la violette

1 petit pot de très bonne confiture de fruits rouges

40 g de violettes cristallisées

1 g d'agar-agar

- Préparez la confiture : faites chauffer la confiture de fruits rouges dans une casserole sur feu modéré. Ajoutez l'agar-agar et donnez un bouillon. Laissez refroidir à température ambiante. Hachez les violettes cristallisées puis ajoutez-les à la confiture.
- Passez les amandes en poudre et le sucre glace au robot, puis tamisez le mélange.
- Montez les blancs d'œufs en neige ferme avec la crème de tartre. Ajoutez le sucre en poudre et le colorant, et continuez de battre 2 minutes pour bien serrer les blancs. Versez les poudres tamisées sur les blancs en neige puis incorporez-les à la spatule souple. Macaronnez : soulevez la pâte du fond vers la surface, à l'aide de la spatule, jusqu'à ce qu'elle forme un ruban.
- Transférez la préparation dans une poche munie d'une douille ronde et dressez les macarons en quinconce sur une plaque à pâtisserie recouverte de papier sulfurisé. Laissez croûter 30 minutes à 1 heure à l'air libre.
- Préchauffez le four à 150 °C (th. 5). Posez la plaque de macarons sur une plaque froide. Faites cuire les macarons 10 à 12 minutes dans le four entrouvert. Retirez du four et laissez refroidir 1 heure avant de décoller délicatement.
- Garnissez les macarons de confiture de fruits rouges à la violette. Réfrigérez 24 heures.

Macarons chocolat noir-fève tonka

Pour 20 macarons environ

Pour les coques

100 g de blancs d'œufs clarifiés (soit 2 ou 3 blancs)

125 g d'amandes en poudre

225 g de sucre glace

30 g de sucre en poudre

20 g de cacao en poudre

1 pincée de crème de tartre

2 gouttes de colorant rouge

Pour la ganache

125 g de chocolat noir de couverture

¼ cuill. à café de fève tonka en poudre

10 g de beurre

8 cl de crème liquide

Pour changer des macarons tout chocolat... la fève tonka, aux arômes subtils et chauds d'amande et de vanille, se marie à la perfection avec le chocolat noir. Attention toutefois à ne pas en abuser, elle est très toxique à forte dose.

• Préparez la ganache : portez à ébullition la crème liquide avec la fève tonka. Retirez du feu et laissez infuser. Râpez le chocolat puis ajoutez à la crème liquide à la fève. Lissez la préparation et incorporez le beurre. Réservez.

• Passez les amandes en poudre, le sucre glace et le cacao en poudre au robot, puis tamisez le mélange.

• Montez les blancs d'œufs en neige ferme avec la crème de tartre. Ajoutez le sucre en poudre et le colorant, et continuez de battre pendant 2 minutes pour bien serrer les blancs. Versez les poudres tamisées sur les blancs en neige, puis incorporez-les à la spatule souple. Macaronnez : soulevez la pâte du fond vers la surface, à l'aide de la spatule, jusqu'à ce qu'elle forme un ruban.

• Transférez la préparation dans une poche munie d'une douille ronde et dressez les macarons en quinconce sur une plaque à pâtisserie recouverte de papier sulfurisé. Laissez croûter 30 minutes à 1 heure à l'air libre.

• Préchauffez le four à 150 °C (th. 5). Posez la plaque de macarons sur une plaque froide. Faites cuire les macarons 10 à 12 minutes dans le four entrouvert. Retirez du four et laissez refroidir 1 heure avant de décoller délicatement.

• Collez les coques deux par deux avec une noisette de ganache. Réfrigérez 24 heures avant de déguster.

Macarons coco-litchis

Pour 20 à 30 macarons

Pour les coques

100 g de blancs d'œufs à température ambiante

125 g d'amandes en poudre

50 g de poudre de coco

225 g de sucre glace

25 g de sucre en poudre

1 pincée de crème de tartre

Pour la confiture de litchis

500 g de litchis

300 g de sucre

Quelques gouttes de jus de citron ou de citron vert

Voici des petits macarons aux parfums exotiques. La confiture de litchis peut être remplacée par une crème à la liqueur de litchis.

- Préparez la confiture de litchis : épluchez et dénoyautez les litchis, hachez-les puis mettez-les dans une casserole. Versez le jus de citron et le sucre sur les litchis, et faites cuire à feu modéré 20 minutes environ en remuant régulièrement. Laissez refroidir à température ambiante puis réservez au réfrigérateur.
- Passez les amandes en poudre, la poudre de coco et le sucre glace au robot, puis tamisez le mélange qui doit être fin et sec.
- Montez les blancs d'œufs en neige ferme avec la crème de tartre. Ajoutez le sucre en poudre et continuez de battre pendant 2 minutes pour obtenir un mélange lisse et brillant. Versez le mélange poudre d'amandes, coco et sucre glace sur les blancs en neige, puis incorporez-les à la spatule souple. Macaronnez : soulevez la pâte du fond vers la surface, à l'aide de la spatule, jusqu'à ce qu'elle forme un ruban.
- Transférez la préparation dans une poche munie d'une douille ronde et dressez les macarons en quinconce sur une plaque à pâtisserie recouverte de papier sulfurisé. Laissez croûter 30 minutes à 1 heure à l'air libre.
- Préchauffez le four à 150 °C (th. 5). Posez la plaque de macarons sur une plaque froide pour que le dessous des macarons cuise moins vite que le dessus. Faites cuire les coques 10 à 12 minutes dans le four entrouvert. Retirez du four et laissez refroidir 1 heure avant de décoller.
- Garnissez les coques de confiture de litchis. Réfrigérez 24 heures avant de déguster.

Macarons au miel et aux épices

Pour 20 macarons environ

Pour les coques

100 g de blancs d'œufs clarifiés (soit 2 ou 3 blancs)

125 g d'amandes en poudre

225 g de sucre glace

30 g de sucre en poudre

1 pincée de crème de tartre

1 pincée de cannelle

Pour la crème au miel et aux épices

2 jaunes d'œufs

25 cl de lait entier

70 g de beurre

25 g de farine

50 g de miel

1 gousse de vanille

½ cuill. à café d'épices pour pain d'épices

Des macarons au goût de pain d'épices… vous pouvez ajouter de la vanille dans les coques et remplacer les épices pour pain d'épices par du cinq-épices.

• Portez le lait à ébullition avec la gousse de vanille fendue en deux et grattée. Retirez du feu et réservez.

• Fouettez les jaunes d'œufs, le miel et les épices jusqu'à ce que le mélange blanchisse. Ajoutez la farine, mélangez puis versez le lait. Remettez dans la casserole et faites épaissir sur feu doux 5 minutes. Retirez la gousse de vanille et réservez au réfrigérateur pendant 2 heures. Réduisez en poudre fine les amandes en poudre, le sucre glace et la cannelle au robot, puis tamisez le mélange et réservez.

• Montez les blancs d'œufs en neige ferme avec la crème de tartre. Ajoutez le sucre en poudre et continuez de battre pendant 2 minutes pour bien serrer les blancs.

• Versez les poudres tamisées sur les blancs en neige, puis incorporez-les à la spatule souple. Macaronnez : soulevez la pâte du fond vers la surface, à l'aide de la spatule, jusqu'à ce qu'elle forme un ruban.

• Transférez la préparation dans une poche munie d'une douille ronde et dressez les macarons en quinconce sur une plaque à pâtisserie recouverte de papier sulfurisé. Laissez croûter 30 minutes à 1 heure à l'air libre.

• Préchauffez le four à 150 °C (th. 5). Posez la plaque de macarons sur une plaque froide. Faites cuire les macarons 10 à 12 minutes dans le four entrouvert. Retirez du four et laissez refroidir 1 heure avant de décoller délicatement.

• Fouettez la crème au miel refroidie en ajoutant le beurre. Garnissez-en les macarons puis réfrigérez 24 heures avant de déguster.

Macarons chocolat-mandarine

Pour 20 macarons environ

Pour les coques

100 g de blancs d'œufs clarifiés (soit 2 ou 3 blancs)

125 g d'amandes en poudre

225 g de sucre glace

30 g de sucre en poudre

20 g de cacao en poudre

1 pincée de crème de tartre

Quelques gouttes de colorant rouge

Pour la crème chocolat mandarine

1 ou 2 mandarines

200 g de chocolat noir de couverture

8 cl de crème fleurette

1 cuill. à café de sucre

Le jus de mandarine peut être remplacé par de la liqueur de mandarine ; dans ce cas, ajoutez-la à la fin.

• Préparez la crème chocolat mandarine : pressez les mandarines pour obtenir 10 cl de jus. Portez à ébullition avec le sucre et la crème fleurette. Hachez le chocolat et faites-le fondre au bain-marie. Retirez du feu et versez le mélange crème-mandarine par-dessus. Mélangez bien. Conservez au frais.

• Passez les amandes en poudre, le sucre glace et le cacao en poudre au robot, puis tamisez le mélange qui doit être fin et sec.

• Montez les blancs d'œufs en neige ferme avec la crème de tartre. Ajoutez le sucre en poudre et le colorant, et continuez de battre pendant 2 minutes pour bien serrer les blancs.

• Versez les poudres tamisées sur les blancs en neige, puis incorporez-les à la spatule souple. Macaronnez : soulevez la pâte du fond vers la surface, à l'aide de la spatule, jusqu'à ce qu'elle forme un ruban.

• Transférez la préparation dans une poche munie d'une douille ronde unie et dressez les macarons en quinconce sur une plaque à pâtisserie recouverte de papier sulfurisé. Laissez croûter 30 minutes à 1 heure à l'air libre.

• Préchauffez le four à 150 °C (th. 5). Posez la plaque de macarons sur une plaque froide. Faites cuire les macarons 10 à 12 minutes dans le four entrouvert. Retirez du four et laissez refroidir 1 heure avant de décoller délicatement.

• Garnissez les macarons de ganache chocolat mandarine. Réfrigérez 24 heures avant de déguster.

Macarons coco-fraises

Pour 20 macarons

Pour les coques

100 g de blancs d'œufs clarifiés (soit 2 ou 3 blancs)

125 g d'amandes en poudre

50 g de poudre de coco

225 g de sucre glace

30 g de sucre en poudre

1 pincée de crème de tartre

Quelques gouttes de colorant rouge

Pour la confiture de fraises

400 g de fraises

400 g de sucre

1 g d'agar-agar

1 cuill. à café de jus de citron

Si vous manquez de temps, ou si ce n'est pas la saison des fraises, utilisez de la confiture de fraises du commerce.

- Préparez la confiture de fraises : rincez et équeutez les fraises, et coupez-les en petits morceaux. Mettez-les dans une casserole avec le sucre et le jus de citron. Faites cuire 20 minutes à feu modéré. Ajoutez l'agar-agar, donnez un bouillon, puis retirez du feu. Laissez refroidir puis placez au frais.

- Passez les poudres d'amande et de coco, ainsi que le sucre glace au robot, puis tamisez le mélange.

- Montez les blancs d'œufs en neige ferme avec la crème de tartre. Ajoutez le sucre en poudre et le colorant, et continuez de battre pendant 2 minutes. Versez le mélange sucre-poudres amande et coco tamisé sur les blancs en neige, puis incorporez à la spatule souple jusqu'à ce que la pâte forme un ruban.

- Transférez la préparation dans une poche munie d'une douille ronde et dressez les macarons en quinconce sur une plaque à pâtisserie recouverte de papier sulfurisé. Laissez croûter 30 minutes à 1 heure à l'air libre.

- Préchauffez le four à 150 °C (th. 5). Posez la plaque de macarons sur une plaque froide. Faites cuire les coques 10 à 12 minutes dans le four entrouvert. Retirez du four et laissez refroidir 1 heure avant de décoller délicatement.

- Garnissez les macarons de confiture de fraises. Réfrigérez 24 heures.

Macarons abricots-lait d'amande

Pour 20 macarons environ

Pour les coques

100 g de blancs d'œufs clarifiés (soit 2 ou 3 blancs)

125 g d'amandes en poudre

225 g de sucre glace

30 g de sucre en poudre

1 pincée de crème de tartre

Pour la compotée d'abricots

125 g d'abricots

½ cuill. à café de jus de citron

30 g de sucre en poudre

1 gousse de vanille

1 pincée d'agar-agar

½ l de glace au lait d'amande

Si vous avez le temps, cassez les noyaux d'abricots et récupérez les amandes pour parfumer la compotée.

- Préparez la compotée : lavez et dénoyautez les abricots, puis coupez-les en petits morceaux. Mettez-les dans une casserole avec le sucre, le jus de citron et la gousse de vanille fendue en deux et grattée, et laissez compoter sur feu doux 15 minutes. Ajoutez l'agar-agar, donnez un bouillon, enlevez la gousse de vanille puis laissez refroidir. Filmez et réservez au frais.

- Passez les amandes en poudre et le sucre glace au robot, puis tamisez le mélange.

- Montez les blancs d'œufs en neige ferme avec la crème de tartre. Ajoutez le sucre en poudre et continuez de battre pendant 2 minutes pour bien serrer les blancs.

- Versez les poudres tamisées sur les blancs en neige, puis incorporez-les à la spatule souple. Macaronnez : soulevez la pâte du fond vers la surface, à l'aide de la spatule, jusqu'à ce qu'elle forme un ruban.

- Transférez la préparation dans une poche munie d'une douille ronde et dressez les macarons en quinconce sur une plaque à pâtisserie recouverte de papier sulfurisé. Laissez croûter 30 minutes à 1 heure à l'air libre.

- Préchauffez le four à 150 °C (th. 5). Posez la plaque de macarons sur une plaque froide. Faites cuire les macarons 10 à 12 minutes dans le four entrouvert. Retirez du four et laissez refroidir 1 heure avant de décoller délicatement.

- Garnissez les macarons de compotée d'abricots et de glace au lait d'amande. Servez sans attendre ou réservez un moment au congélateur.

Macarons au thé vert matcha, chocolat blanc et framboises

Pour 20 macarons environ

Pour les coques

100 g de blancs d'œufs clarifiés à température ambiante

125 g d'amandes en poudre

225 g de sucre glace

25 g de sucre en poudre

1 pincée de crème de tartre

1 cuill. à café de thé matcha

Pour la ganache chocolat blanc

125 g de chocolat blanc à pâtisser

8 cl de crème liquide

½ cuill. à café de thé matcha (facultatif)

125 g de framboises fraîches

Vert, blanc, rose. Un peu d'acidité dans les framboises pour équilibrer la richesse du chocolat blanc. En saison, remplacez les framboises par des mûres.

- Préparez la ganache : faites fondre le chocolat blanc avec la crème liquide sur feu doux en mélangeant. Ajoutez le thé matcha et mélangez bien. Réservez au frais.
- Passez les amandes en poudre, le sucre glace et le thé matcha au robot, puis tamisez le mélange qui doit être fin et sec.
- Montez les blancs d'œufs en neige ferme avec la crème de tartre. Ajoutez le sucre en poudre et continuez de battre pendant 2 minutes pour bien serrer les blancs.
- Versez les poudres tamisées sur les blancs en neige, puis incorporez-les à la spatule souple. Macaronnez : soulevez la pâte du fond vers la surface, à l'aide de la spatule, jusqu'à ce qu'elle forme un ruban.
- Transférez la préparation dans une poche munie d'une douille ronde et dressez les macarons en quinconce sur une plaque à pâtisserie recouverte de papier sulfurisé. Laissez croûter 30 minutes à 1 heure à l'air libre.
- Préchauffez le four à 150 °C (th. 5). Posez la plaque de macarons sur une plaque froide pour que le dessous des macarons cuise moins vite que le dessus et que la collerette se forme. Faites cuire les macarons 10 à 12 minutes dans le four entrouvert. Retirez du four et laissez refroidir 1 heure avant de décoller délicatement.
- Garnissez les macarons de ganache au chocolat blanc et de framboises fraîches. Réfrigérez 24 heures avant de déguster.

Macarons pistache-cerise

Pour 20 macarons environ

Pour les coques

100 g de blancs d'œufs clarifiés à température ambiante

125 g d'amandes en poudre

225 g de sucre glace

25 g de sucre en poudre

1 pincée de crème de tartre

Quelques gouttes de colorant vert

Pour la crème à la pistache

2 jaunes d'œufs

20 g de beurre

10 cl de crème liquide

1 cuill. à soupe de sucre

1 cuill. à soupe de pâte de pistache ou, à défaut, 25 g de pistaches broyées avec 25 g de sucre

Griottes ou cerises amarena

En saison et si vous avez le temps, préparez une confiture de griottes pas trop sucrée et remplacez les cerises amarena par une touche de confiture.

• Préparez la crème à la pistache : faites chauffer la crème liquide avec la pâte de pistache. Fouettez ensemble les jaunes d'œufs et le sucre jusqu'à ce que le mélange blanchisse. Ajoutez-y la crème à la pistache. Reversez dans la casserole et faites épaissir sur feu doux sans cesser de mélanger. Retirez du feu et incorporez le beurre. Laissez refroidir puis réservez au frais.

• Passez les amandes en poudre et le sucre glace au robot, puis tamisez le mélange qui doit être fin et sec.

• Montez les blancs d'œufs en neige ferme avec la crème de tartre. Ajoutez le sucre en poudre et le colorant, et continuez de battre pendant 2 minutes, jusqu'à ce que le mélange soit lisse et brillant. Versez le mélange sucre-amandes sur les blancs en neige, puis incorporez-les à la spatule souple en soulevant la pâte pour qu'elle forme un ruban.

• Transférez la préparation dans une poche munie d'une douille ronde et dressez les macarons en quinconce sur une plaque à pâtisserie recouverte de papier sulfurisé. Laissez croûter 30 minutes à 1 heure à l'air libre.

• Préchauffez le four à 150 °C (th. 5). Posez la plaque de macarons sur une plaque froide. Faites cuire les macarons 10 à 12 minutes dans le four entrouvert. Retirez du four et laissez refroidir 1 heure avant de décoller délicatement.

• Étalez un peu de crème à la pistache sur la moitié des coques, ajoutez une cerise amarena et recouvrez avec les coques restantes. Réservez au frais.

Macarons glacés (différents parfums)

Pour 20 petits macarons ou 10 gros

Pour les coques

100 g de blancs d'œufs clarifiés à température ambiante

125 g d'amandes en poudre

225 g de sucre glace

25 g de sucre en poudre

1 pincée de crème de tartre

Quelques gouttes de colorant au choix

Pour la garniture

1 l de glaces au choix (pistache, sorbet chocolat, fruits rouges, vanille…)

Une idée pour la présentation : disposez les coques et les glaces sur un joli plateau, puis laissez chacun composer son ou ses macarons.

• Passez les amandes en poudre et le sucre glace au robot, puis tamisez le mélange qui doit être fin et sec.

• Montez les blancs d'œufs en neige ferme avec la crème de tartre. Ajoutez le sucre en poudre et le colorant, et continuez de battre pendant 2 minutes, jusqu'à ce que le mélange soit lisse et brillant. Versez le mélange sucre-amandes sur les blancs en neige puis incorporez-les à la spatule souple en soulevant la pâte pour qu'elle forme un ruban.

• Transférez la préparation dans une poche munie d'une douille ronde et dressez les macarons en quinconce sur une plaque à pâtisserie recouverte de papier sulfurisé. Laissez croûter 30 minutes à 1 heure à l'air libre.

• Préchauffez le four à 150 °C (th. 5). Posez la plaque de macarons sur une plaque froide. Faites cuire les macarons 10 à 12 minutes dans le four entrouvert. Retirez du four et laissez refroidir 1 heure avant de décoller délicatement.

• Garnissez les macarons avec la ou les glaces choisies. Servez immédiatement ou réservez 2 heures au congélateur. Dans ce cas, sortez-les 15 minutes avant de déguster.

Macarons vanille-framboises

Pour 10 macarons environ

Pour les coques

100 g de blancs d'œufs clarifiés (soit 2 ou 3 blancs)

125 g d'amandes en poudre

225 g de sucre glace

30 g de sucre en poudre

1 pincée de crème de tartre

Quelques gouttes de colorant rouge

Pour la crème vanille

1 œuf

25 cl de lait entier

10 cl de crème liquide bien froide

15 g de farine

25 g de sucre

1 gousse de vanille

125 g de framboises fraîches

Les amateurs de vanille-fraises pourront remplacer les framboises par des fraises… Vous pouvez aussi écraser grossièrement les framboises et les incorporer délicatement à la crème pour obtenir un effet marbré.

• Préparez la crème vanille : portez le lait à ébullition avec la gousse de vanille fendue en deux et grattée. Fouettez l'œuf et le sucre jusqu'à blanchiment, puis ajoutez la farine. Versez le lait chaud et remettez à épaissir dans la casserole 3 à 5 minutes en mélangeant. Versez la crème obtenue sur une plaque recouverte d'un film alimentaire et laissez refroidir. Remettez dans un bol, enlevez la gousse de vanille et lissez au fouet. Fouettez la crème liquide en chantilly et incorporez-la à la crème refroidie.

• Passez les amandes en poudre et le sucre glace au robot, puis tamisez le mélange qui doit être fin et sec. Montez les blancs d'œufs en neige ferme avec la crème de tartre. Ajoutez le sucre en poudre et le colorant, et continuez de battre pendant 2 minutes pour bien serrer les blancs. Versez les poudres tamisées sur les blancs en neige, puis incorporez-les à la spatule souple. Macaronnez : soulevez la pâte du fond vers la surface, à l'aide de la spatule, jusqu'à ce qu'elle forme un ruban.

• Transférez la préparation dans une poche à douille ronde et dressez les macarons en quinconce sur une plaque à pâtisserie recouverte de papier sulfurisé. Laissez croûter 30 minutes à 1 heure à l'air libre.

• Préchauffez le four à 150 °C (th. 5). Posez la plaque de macarons sur une plaque froide pour que le dessous des macarons cuise moins vite que le dessus. Faites cuire les macarons 10 à 12 minutes dans le four entrouvert. Retirez du four et laissez refroidir 1 heure avant de décoller délicatement. Garnissez les macarons de crème et de framboises fraîches. Réfrigérez 24 heures.

Macarons d'Amiens

Pour 20 macarons environ

2 petits blancs d'œufs

250 g d'amandes en poudre

200 g de sucre

1 cuill. à soupe de miel

1 cuill. à soupe de gelée de pommes ou d'abricots

½ cuill. à café d'extrait de vanille liquide

1 cuill. à café d'extrait d'amande amère

Leur renommée remonte au XVIe siècle ! Très moelleux, ces macarons ont un goût incomparable grâce à l'ajout de miel.

• Mélangez les amandes en poudre, le sucre, le miel, l'extrait d'amande amère et la vanille liquide dans un robot. Transférez dans un saladier. Ajoutez petit à petit les blancs d'œufs, en pilant le mélange de façon à obtenir une consistance de pâte d'amande. Incorporez la gelée de pommes ou d'abricots et formez une boule.

• Filmez-la et laissez reposer au réfrigérateur pendant 6 heures.

• Préchauffez le four à 170 °C (th. 5/6).

• Roulez la pâte d'amande en boudin de 4 cm de diamètre environ et découpez le boudin en tranches de 2 cm d'épaisseur. Rangez les tranches sur une plaque à pâtisserie recouverte de papier sulfurisé et faites cuire 20 minutes environ. Les macarons doivent dorer mais pas brunir.

• Laissez refroidir complètement avant de décoller.

Macarons italiens (amaretti)

Pour 20 amaretti croquants

2 gros blancs d'œufs

150 g d'amandes en poudre

100 g de sucre en poudre

50 g de sucre glace

2 cuill. à café d'extrait d'amande amère

Vous pouvez faire des amaretti aux pistaches, en utilisant 90 g d'amandes en poudre et 60 g de pistaches réduites en poudre. Servez avec du thé, un bon expresso ou un digestif.

- Préchauffez le four à 150 °C (th. 5).
- Mixez les amandes en poudre avec 50 g de sucre en poudre dans un robot.
- Montez les blancs d'œufs en neige ferme, puis ajoutez 50 g de sucre en poudre et continuez de fouetter 2 minutes.
- Incorporez les blancs montés en neige aux amandes en poudre à l'aide d'une spatule. Ajoutez l'extrait d'amande amère.
- Faites des petits tas de pâte de la taille d'une noix sur une plaque à pâtisserie recouverte de papier sulfurisé. Saupoudrez de sucre glace. Faites cuire 20 à 25 minutes, jusqu'à ce que les bords soient légèrement dorés.

Introduction

Millefeuilles, rien que ce nom fait déjà saliver tous les gourmands... une vraie promesse de délicatesse et de saveurs. Au-delà du gâteau bien connu de notre enfance, le millefeuille se métamorphose au gré de nombreuses recettes : salées, sucrées ou même sucrées-salées.

Le millefeuille, c'est avant tout une attention toute particulière portée à la préparation. Les mets sont cuisinés séparément puis assemblés entre eux, en couches. Le secret de la réussite réside dans la finesse et l'équilibre des proportions. Soyez donc toujours très vigilant sur la découpe de ce qui constituera la base de votre millefeuille : elle devra être fine et les proportions justes.

Certes, une fine plaque de pâte feuilletée constituera une excellente base de millefeuille, mais ne vous privez pas du grand choix qui s'offre à vous : fines lamelles de légumes, de fruits ou de fromage, biscuits, crêpes ou feuilles de brick... N'hésitez pas à tenter toutes les associations pour créer d'innombrables recettes aussi originales que surprenantes. C'est ce qui fera de votre millefeuille une délicieuse entrée ou un dessert unique. Le simple fait de présenter une recette sous la forme d'un millefeuille donnera immédiatement une touche raffinée à votre plat.

N'oubliez pas que le plaisir de la bouche passe d'abord par les yeux !
Alors, à vos fourneaux !

Millefeuilles de comté et taboulé aux herbes

Pour 4 personnes

1 tomate

1 petit oignon blanc

1 bouquet de cerfeuil

10 brins de ciboulette

1 cuill. à soupe de jus de citron

8 lamelles de comté (de 10 x 10 cm environ)

75 g de semoule fine de couscous

50 g de pignons de pin

50 g de raisins blonds

1 cuill. à soupe d'huile d'olive

Sel, poivre du moulin

Vous pouvez préparer le taboulé la veille, il n'en sera que meilleur. Conservez-le au frais, couvert d'un film plastique.

• Mettez la semoule dans un saladier et versez dessus 5 cl d'eau bouillante salée.

• Lavez et coupez la tomate en petits dés. Pelez et émincez finement l'oignon. Lavez et ciselez les herbes. Versez tous ces ingrédients dans le saladier. Ajoutez l'huile d'olive et le jus de citron.

• Faites dorer les pignons de pin dans une poêle antiadhésive.

• Mélangez la semoule à la fourchette pour bien détacher les grains, ajoutez les pignons de pin et les raisins. Salez et poivrez.

• Montez les 4 millefeuilles en répartissant un peu de taboulé aux herbes sur 4 lamelles de comté. Continuez en alternant fromage et taboulé. Terminez par un tour de moulin à poivre.

Millefeuilles de c
et poulet à l'estra

Pour 4 personnes

2 blancs de poulet
250 g de champignons de Paris
1 bouquet de persil plat
4 branches d'estragon
2 gousses d'ail
2 petits œufs
100 g de parmesan râpé
90 g de beurre
65 cl de lait
165 g de farine
Sel, poivre du moulin

À la saison des c
la recette en utilisa
Vous pouvez égale
variétés de champig

• Préparez la pâte à crêpes : dans
farine, une pincée de sel, puis ajout
Laissez reposer pendant 20 minutes.

• Coupez les blancs de poulet en fine
lavées et ciselées (réservez-en quelque
vapeur pendant 15 minutes. Réservez au

• Pendant ce temps, nettoyez les champ
coupez les champignons en petits dés. F
hachez le persil. Faites chauffer le beurre da
ser, ajoutez les champignons et l'ail, puis fai
champignons soient dorés. Ajoutez le persil

• Préparez la béchamel : faites fondre 40 g c … doux dans une casserole. Versez 40 g de farine en une seule fois et mélangez. Faites cuire à feu doux pendant 1 minute tout en remuant avec une cuillère en bois. Versez 40 cl de lait, portez à ébullition tout en fouettant et laissez cuire 2 minutes. Hors du feu, ajoutez les champignons et le parmesan râpé. Salez et poivrez. Réservez au chaud.

• Faites chauffer une noix de beurre dans une petite poêle à pancakes. Confectionnez 12 crêpes. Réservez-les au chaud, recouvertes de papier aluminium afin de les garder bien moelleuses.

• Montez les millefeuilles : posez une crêpe sur chaque assiette, recouvrez de béchamel aux champignons et au fromage, puis de lamelles de poulet. Recommencez l'opération et terminez par une crêpe. Décorez de quelques feuilles d'estragon. Servez bien chaud.

Millefeuilles d'aubergine grillée au thon

Pour 4 personnes

1 aubergine

2 tomates

1 citron vert non traité

125 g de ricotta

1 boîte de thon
au naturel de 125 g

4 cuill. à soupe d'huile d'olive

Sel, poivre du moulin

Vous pouvez également réaliser cette recette avec des poivrons ou des courgettes.

- Lavez l'aubergine et tranchez-la en fines lamelles. Saupoudrez-les de sel. Faites-les dégorger pendant 20 minutes sur du papier absorbant.
- Préchauffez le four sur position gril.
- Badigeonnez les tranches d'aubergine d'huile d'olive et passez-les sous le gril du four pendant 10 à 15 minutes. Retirez-les du four et posez-les à nouveau sur du papier absorbant.
- Émiettez le thon à la fourchette. Ajoutez la ricotta, puis un filet de jus de citron vert, la moitié du zeste râpé et une cuillerée à soupe d'huile d'olive. Mélangez. Ajustez l'assaisonnement en sel et poivre.
- Lavez les tomates, coupez-les en tranches fines et ôtez les pépins.
- Étalez un peu de thon à la ricotta sur 4 rondelles d'aubergine grillées. Posez par-dessus une tranche de tomate. Recouvrez d'une tranche d'aubergine et renouvelez l'opération. Terminez par un tour de moulin à poivre. Vous pouvez aussi étaler les miettes de thon sur la ricotta au lieu de mélanger ces ingrédients.

Millefeuilles d'endives et saint-jacques à la mangue

Pour 4 personnes

200 g de noix de saint-jacques crues

3 endives

1 mangue

1 petit concombre

Quelques brins de coriandre fraîche

1 cuill. à soupe de cacahuètes grillées

2 cuill. à soupe d'huile d'olive

Sel, poivre du moulin

Pour être sûr de la fraîcheur de vos noix de saint-jacques, achetez-les dans leur coquille ou alors surgelées. Évitez les noix fraîches en vrac pour une consommation crue !

- Pelez la mangue. Découpez la chair en tournant autour du noyau. Détaillez-la en fines lamelles.
- Lavez le concombre et coupez-le en deux dans la longueur sans le peler. Coupez-le ensuite en rondelles fines.
- Lavez, séchez et ciselez la coriandre en gardant quelques feuilles pour la décoration.
- Coupez les noix de saint-jacques en tranches fines et mettez-les dans un saladier.
- Rincez et essuyez les endives. Détachez les feuilles et conservez les plus belles. Concassez grossièrement les cacahuètes.
- Montez les millefeuilles en alternant feuilles d'endive, lamelles de mangue, rondelles de concombre et de saint-jacques. Arrosez d'un filet d'huile d'olive, de coriandre hachée, donnez un tour de moulin à poivre et parsemez de cacahuètes. Décorez avec quelques feuilles de coriandre.

Millefeuilles de jambon sec, mozzarella et figues fraîches

Pour 4 personnes

4 belles tranches de jambon de Parme

4 belles figues fraîches

4 feuilles de basilic

250 g de mozzarella de bufflonne

3 cuill. à soupe de vinaigre balsamique

Poivre

Cette recette très estivale fera une entrée délicieuse. Si vous souhaitez l'étoffer un peu, servez ce millefeuille avec une salade de roquette et, pourquoi pas, quelques pignons de pin.

• Rincez les figues rapidement sous l'eau froide et essuyez-les délicatement. Coupez les figues et la mozzarella en tranches fines.

• Dans une petite poêle, faites réduire le vinaigre balsamique pendant 5 minutes sur feu doux jusqu'à l'obtention d'une consistance sirupeuse. Retirez du feu et laissez refroidir.

• Étalez les tranches de jambon. Garnissez le tiers de chaque tranche, de mozzarella et de figues, et repliez le jambon dessus. Refaites une couche de mozzarella et de figues, puis rabattez l'autre extrémité de la tranche de jambon sur le dessus et déposez le reste de la mozzarella et de figues. Arrosez chaque millefeuille d'un trait de caramel balsamique, donnez un tour de moulin à poivre et décorez d'une feuille de basilic.

Millefeuilles de pommes et boudin noir

Pour 4 personnes
2 boudins noirs
4 pommes
2 oignons rouges
80 g de beurre
1 paquet de feuilles de brick
1 pincée de paprika en poudre
1 pincée de piment d'Espelette
Sel, poivre du moulin

Pour cette délicieuse recette d'inspiration normande, utilisez des pommes se tenant bien à la cuisson. Les variétés golden ou pink'lady, par exemple, sont idéales.

• Préchauffez le four à 180 °C (th. 6).

• Faites fondre 30 g de beurre. Découpez 36 rectangles de 8 x 10 cm dans les feuilles de brick. Badigeonnez-les de beurre fondu. Placez-les sur une plaque recouverte de papier sulfurisé et faites-les dorer au four 3 minutes. Procédez en plusieurs fois.

• Épluchez les oignons, coupez-les en rondelles et faites-les roussir à la poêle avec 20 g de beurre. Réservez-les au chaud.

• Coupez les boudins en tranches. Faites-les revenir à la poêle avec 10 g de beurre, quelques minutes de chaque côté. Réservez au chaud.

• Lavez et essuyez les pommes. Ôtez le cœur à l'aide d'un vide-pommes et coupez-les en fines rondelles. Faites chauffer les 20 g de beurre restants dans une poêle et faites revenir les rondelles de pomme pendant quelques minutes en les retournant délicatement à mi-cuisson. Salez, poivrez, et saupoudrez de paprika.

• Superposez 3 feuilles de brick dans chaque assiette. Recouvrez de quelques rondelles d'oignon, puis de boudin et enfin de quelques rondelles de pomme. Saupoudrez d'une pincée de piment d'Espelette. Recommencez l'opération et terminez par 3 feuilles de brick. Décorez d'une rondelle de pomme.

Lasagnes de crevettes aux fèves

Pour 4 personnes

24 crevettes crues décortiquées
250 g de fèves écossées
3 tomates
1 petit piment rouge
1 gousse d'ail
1 petit oignon
1 cm de gingembre frais
Quelques brins de persil
Quelques brins de coriandre
4 feuilles de lasagne
5 cuill. à soupe d'huile d'olive
Sel, poivre du moulin

Vous pouvez réaliser cette recette avec des feuilles de raviolis chinois (feuilles de won-ton) que vous trouverez dans une épicerie asiatique. Elles sont beaucoup plus fines et le résultat est plus délicat.

- Portez une casserole d'eau salée à ébullition et faites cuire les fèves pendant 2 minutes. Passez-les sous l'eau froide, égouttez-les et enlevez la peau.

- Lavez et ciselez les herbes (réservez quelques feuilles de coriandre). Hachez l'ail, le gingembre pelé et le piment. Émincez finement l'oignon. Lavez les tomates, coupez-les en deux, ôtez les pépins, puis détaillez-les en petits dés. Versez tous ces ingrédients dans un bol, ajoutez une cuillerée à soupe d'huile d'olive, salez et poivrez. Mélangez et placez ce rougail au frais.

- Salez et poivrez les crevettes. Faites chauffer 2 cuillerées à soupe d'huile d'olive dans une grande poêle. Jetez-y les crevettes et faites-les revenir à feu vif pendant 3 minutes en les retournant à mi-cuisson. Gardez au chaud.

- Dans une grande casserole, portez à ébullition une grande quantité d'eau salée additionnée d'une cuillerée à soupe d'huile d'olive et faites-y cuire les feuilles de lasagne. Égouttez-les et coupez-les en trois.

- Déposez un rectangle de lasagne sur chaque assiette. Recouvrez de rougail, puis de quelques fèves et enfin de 3 crevettes. Recommencez l'opération et terminez par une lasagne. Arrosez d'un filet d'huile d'olive, donnez un tour de moulin à poivre et décorez de quelques feuilles de coriandre. Vous pouvez aussi replier les feuilles de lasagne au lieu de les couper en trois.

Millefeuilles de pommes de terre au saumon fumé

Pour 4 personnes

8 tranches de saumon fumé

4 cuill. à café d'œufs de saumon

700 g de grosses pommes de terre à chair ferme

5 branches d'aneth

Le zeste râpé de 1/2 citron

10 cl de crème fleurette

1 cuill. à café de baies roses concassées

Sel, poivre du moulin

Pour cette recette, il est très important d'utiliser des pommes de terre à chair jaune de type charlotte ou amandine. Les lamelles se tiendront mieux.

• Versez la crème et le zeste de citron dans une casserole, et portez à ébullition. Retirez du feu et laissez refroidir à température ambiante. Filtrez et placez la crème au réfrigérateur pendant 1 heure.

• Lavez les pommes de terre et placez-les dans une casserole d'eau froide salée. Faites cuire 15 minutes environ à partir du début de l'ébullition. Vérifiez la cuisson à l'aide d'un couteau. Passez les pommes de terre sous l'eau froide, pelez-les et détaillez-les en fines rondelles.

• Lavez et ciselez l'aneth (réservez quelques brins pour la décoration). Montez la crème bien froide en chantilly. Salez légèrement et ajoutez l'aneth ciselé.

• Sur chaque assiette, formez une rosace avec quelques rondelles de pomme de terre, poivrez et salez légèrement, puis recouvrez d'une tranche de saumon fumé. Disposez de nouveau une rosace de pomme de terre et une tranche de saumon fumé. Terminez par une quenelle de chantilly et une cuillerée à café d'œufs de saumon. Décorez avec les brins d'aneth réservés et les baies roses concassées.

Millefeuilles de pain d'épice au foie gras

Pour 4 personnes

8 tranches fines de foie gras

50 g de pousses d'épinard

2 mangues

2 cm de gingembre frais

2 œufs

100 g de farine de blé

100 g de farine de seigle

150 g de miel blond

1 cuill. à café de bicarbonate de soude

1/2 cuill. à café de cannelle et de gingembre en poudre

1/4 cuill. à café de poudre d'anis

1 pincée de noix muscade râpée

2 cuill. à café de vinaigre

2 cuill. à soupe de sucre roux

10 g de beurre (pour le moule)

1 pincée de sel, poivre du moulin

Vous pouvez gagner du temps en utilisant du pain d'épice du commerce. Dans ce cas, soyez exigeant sur sa qualité.

• Préparez le pain d'épice la veille. Préchauffez le four à 240 °C (th. 8).

• Délayez le miel avec 2 cuillerées à soupe d'eau chaude. Mélangez les farines, le bicarbonate, les épices et le sel. Ajoutez le miel, puis les œufs battus. Versez l'appareil dans un moule à cake beurré tapissé de papier sulfurisé et enfournez. Baissez le thermostat à 6 (180 °C), et faites cuire le pain d'épice pendant 40 minutes. Vérifiez la cuisson avec la lame d'un couteau. Laissez refroidir à température ambiante.

• Le jour même, épluchez les mangues, découpez la chair en tournant autour du noyau et coupez-la en petits dés. Pelez le gingembre frais et râpez-le. Mettez les dés de mangue, le gingembre, le sucre roux et le vinaigre dans une casserole. Mélangez bien et couvrez. Portez à ébullition sur feu vif et retirez le couvercle. Laissez frémir à feu moyen pendant 15 minutes, en remuant de temps en temps. Retirez du feu et laissez refroidir à température ambiante.

• Coupez 8 tranches fines de pain d'épice, faites-les griller et ôtez la croûte. Lavez et séchez les pousses d'épinard.

• Placez une tranche dans chaque assiette. Recouvrez de quelques pousses d'épinard, puis d'un peu de chutney à la mangue et d'une tranche de foie gras. Renouvelez une fois l'opération et terminez par un tour de moulin à poivre. Servez sans attendre.

Millefeuilles classiques

Pour 4 personnes

3 jaunes d'œufs

25 cl de lait

15 cl de crème fleurette

500 g de pâte feuilletée de bonne qualité

30 g de farine

1 gousse de vanille

50 g de sucre en poudre

Sucre glace

Cacao en poudre non sucré

La clé de la réussite de vos millefeuilles maison réside dans le choix d'une excellente pâte feuilletée. Vous pouvez la commander chez votre boulanger-pâtissier.

• Battez les jaunes d'œufs et le sucre jusqu'à obtention d'un mélange mousseux. Ajoutez la farine tamisée et fouettez de nouveau. Portez le lait à ébullition avec la gousse de vanille fendue en deux et versez-le sur les jaunes d'œufs en fouettant. Reversez le tout dans la casserole. Faites cuire à feu moyen sans cesser de remuer pendant 3 minutes. La crème doit être assez épaisse. Retirez du feu, enlevez la vanille et laissez refroidir.

• Montez la crème bien froide en chantilly, puis incorporez-la dans la crème pâtissière refroidie. Mettez au réfrigérateur.

• Préchauffez le four à 180 °C (th. 6).

• Posez une feuille de papier sulfurisé sur une plaque à pâtisserie. Étalez la pâte feuilletée en un rectangle de 36 x 20 cm et de 3 mm d'épaisseur environ, et déposez-la sur la plaque de cuisson. Retaillez en 3 rectangles de 12 x 20 cm, que vous recouperez en 4 morceaux de 5 x 12 cm. Piquez la pâte avec une fourchette et recouvrez-la d'une autre feuille de papier sulfurisé et de légumes secs afin d'éviter à la pâte de trop gonfler. Faites cuire 15 à 20 minutes. Retirez du four. Enlevez les légumes secs et le papier sulfurisé. Saupoudrez de sucre glace et faites colorer sous le gril pendant quelques secondes. Ôtez du four et laissez refroidir.

• Au moment de servir, répartissez la moitié de la crème sur 4 rectangles de pâte feuilletée. Recouvrez chacun d'un rectangle de feuilletage, puis du reste de crème. Terminez par une couche de feuilletage. Saupoudrez de sucre glace ou de cacao en poudre.

Millefeuilles d'ananas et fromage blanc au gingembre

Pour 4 personnes

1 ananas Victoria

25 cl de crème fleurette bien froide

250 g de fromage blanc à 40% de matière grasse

30 g de gingembre confit

20 g de noisettes décortiquées

2 feuilles de gélatine

50 g de sucre en poudre

1 cuill. à soupe de sucre roux

Il est conseillé de préparer ce dessert avec un ananas Victoria, plus sucré et au goût très prononcé. Toutefois, vous pouvez utiliser un ananas classique.

• Mettez la gélatine à tremper dans de l'eau froide pendant 10 minutes. Portez 5 cl de crème à ébullition. Retirez du feu et incorporez la gélatine essorée en remuant. Versez aussitôt dans le fromage blanc et mélangez. Coupez le gingembre confit en tout petits dés et ajoutez-le également au fromage blanc. Montez le reste de crème en chantilly. Lorsque la crème commence à prendre, ajoutez le sucre et continuez de battre. Incorporez délicatement la chantilly au fromage blanc et mettez au frais pendant 1 heure.

• Concassez grossièrement les noisettes à l'aide d'un couteau. Faites-les griller légèrement dans une poêle antiadhésive pendant 5 minutes environ. Ajoutez le sucre roux et faites caraméliser à feu doux pendant 5 minutes tout en mélangeant pour que les noisettes concassées restent bien détachées. Retirez du feu.

• Pelez l'ananas à l'aide d'un couteau à dents, enlevez les yeux, puis coupez-le en tranches fines.

• Sur 4 tranches, posez une bonne cuillerée à soupe de mousse au fromage blanc. Recouvrez d'une tranche d'ananas et renouvelez l'opération. Saupoudrez de noisettes caramélisées.

Millefeuilles de fruits rouges et crème légère à l'anis étoilé

Pour 4 personnes

300 g de fruits rouges mélangés (fraises, framboises, myrtilles, mûres, groseilles…)

40 g de beurre

20 cl de crème fleurette

10 feuilles de brick

1 cuill. à soupe d'huile d'olive

2 étoiles de badiane

1 cuill. à soupe de miel

3 cuill. à soupe de sucre glace

1 cuill. à soupe de sucre en poudre

Pour que les feuilles de brick restent souples, sortez-les du paquet au dernier moment. La badiane est l'arbuste qui produit l'anis étoilé.

• Mettez la crème fleurette et l'anis étoilé dans une casserole, et portez à ébullition. Retirez du feu et laissez refroidir à température ambiante. Enlevez les étoiles de badiane et placez la crème au réfrigérateur pendant 1 heure.

• Préchauffez le four à 180 °C (th. 6).

• Découpez 36 carrés de 9 x 9 cm dans les feuilles de brick. Dans une petite casserole, faites fondre le beurre avec le miel, mélangez. Badigeonnez les feuilles de brick de ce mélange à l'aide d'un pinceau et placez-les sur une plaque à pâtisserie. Enfournez et faites cuire 3 minutes environ, jusqu'à ce qu'elles soient dorées. Procédez en plusieurs fois.

• Faites chauffer l'huile d'olive dans une poêle. Saisissez les fruits rouges pendant 30 secondes à feu vif. Égouttez-les et saupoudrez-les de sucre en poudre. Réservez.

• Fouettez la crème fleurette en ajoutant 2 cuillerées à soupe de sucre glace au fur et à mesure que la crème prend.

• Sur chaque assiette à dessert, superposez 3 feuilles de brick. Recouvrez de fruits rouges poêlés, puis de crème fouettée à l'anis. Posez à nouveau 3 feuilles de brick, couvrez de fruits rouges puis de crème. Finissez le montage par 3 feuilles de brick superposées. Saupoudrez du sucre glace restant.

Millefeuilles au mascarpone et mendiants caramélisés

Pour 4 personnes

125 g de mascarpone

10 cl de crème fleurette

40 g de beurre

1 paquet de feuilles de brick

1 gousse de vanille

50 g d'amandes mondées

50 g de noisettes

50 g de noix de pécan

1 cuill. à soupe de miel liquide

70 g de sucre glace

2 cuill. à soupe de sucre en poudre

Pour plus de facilité et pour un résultat homogène, faites votre chantilly dans le bol de votre robot, puis ajoutez le mascarpone. Vous pouvez aussi réaliser des millefeuilles de la taille de mignardises.

• Fouettez le mascarpone avec 25 g de sucre glace. Fendez la gousse de vanille et grattez l'intérieur avec la pointe d'un couteau pour récupérer les graines. Ajoutez-les au mascarpone. Fouettez la crème fleurette bien froide en chantilly et incorporez 25 g de sucre glace. Mélangez la chantilly et le mascarpone, et réservez au frais.

• Préchauffez le four à 180 °C (th. 6). Découpez des disques à l'aide d'un verre ou d'un emporte-pièce dans les feuilles de brick. Faites fondre le beurre. Ajoutez le miel. À l'aide d'un pinceau, badigeonnez les feuilles de brick du mélange beurre-miel et placez-les sur une plaque à pâtisserie. Enfournez et faites cuire jusqu'à ce qu'elles soient dorées. Procédez en plusieurs fois.

• Concassez grossièrement les amandes, les noisettes et les noix de pécan. Mettez-les dans une poêle antiadhésive et faites-les griller à feu doux pendant 5 minutes environ. Saupoudrez-les de sucre et faites-les caraméliser pendant quelques minutes à feu moyen. Retirez du feu et placez-les sur une assiette. Quand elles sont froides, concassez-les grossièrement.

• Superposez 3 rectangles de feuilles de brick sur chaque assiette. Recouvrez de crème au mascarpone et répartissez quelques éclats de mendiants caramélisés. Posez à nouveau 3 feuilles de brick, puis étalez une fine couche de mousse au mascarpone et recouvrez de mendiants. Terminez par 3 feuilles de brick. Saupoudrez de sucre glace et décorez avec les mendiants restants.

Millefeuilles aux poires et crème d'amandes

Pour 4 personnes

4 poires

3 jaunes d'œufs

25 cl de lait

20 g de beurre

500 g de pâte feuilletée

30 g de Maïzena®

100 g d'amandes en poudre

2 cuill. à soupe d'amandes effilées

2 gouttes d'extrait d'amandes amères

90 g de sucre en poudre

2 cuill. à soupe de sucre glace

Comme pour les millefeuilles classiques, il faut une excellente pâte feuilletée pour réaliser ce dessert. Commandez-la chez votre boulanger-pâtissier.

• Mélangez la poudre d'amandes, le lait et l'extrait d'amandes amères. Laissez infuser pendant 1 heure. Filtrez et pressez bien pour extraire le maximum de liquide.

• Portez à ébullition le lait ainsi obtenu. Battez les jaunes d'œufs et 50 g de sucre jusqu'à l'obtention d'un mélange clair et mousseux, puis ajoutez la Maïzena®. Versez ensuite le lait bouillant sur le mélange. Reversez la crème dans la casserole et faites-la cuire à feu moyen sans cesser de remuer pendant 3 minutes. La crème doit être assez épaisse. Retirez du feu et laissez refroidir à température ambiante. Placez au frais.

• Préchauffez le four à 180 °C (th. 6).

• Recouvrez une plaque à pâtisserie de papier sulfurisé. Étalez la pâte feuilletée sur une épaisseur de 3 mm et placez-la sur la plaque. Découpez 12 disques de 8 cm à l'aide d'un verre ou d'un emporte-pièce. Enlevez la pâte superflue. Recouvrez d'une autre feuille de papier sulfurisé et de légumes secs. Faites cuire 15 à 20 minutes. Retirez les légumes secs et le papier sulfurisé. Saupoudrez d'une cuillerée à soupe de sucre glace et faites colorer sous le gril du four pendant quelques secondes.

• Faites dorer les amandes effilées dans une poêle antiadhésive.

• Coupez les poires en deux, pelez-les et ôtez le cœur. Détaillez-les ensuite en tranches fines. Caramélisez le reste du sucre semoule à sec dans une poêle antiadhésive. Ajoutez le beurre, mélangez et faites-y caraméliser les poires 2 minutes de chaque côté.

• Placez un disque de feuilletage dans chaque assiette, recouvrez de crème d'amandes et de lamelles de poire. Renouvelez l'opération et terminez par un disque de feuilletage. Saupoudrez de sucre glace et d'amandes effilées.

Millefeuilles de tuiles à la mousse au chocolat

Pour 4 personnes

1 barquette de framboises

3 œufs + 2 blancs

40 g de beurre

60 g de farine

50 g de pralines

100 g de chocolat noir

100 g de sucre

Sel

Vous pouvez varier les plaisirs en remplaçant les framboises par des rondelles de banane ou des dés de poire.

• Cassez le chocolat en petits morceaux et faites-le fondre au bain-marie. Lorsqu'il est complètement fondu, mélangez-le délicatement pour obtenir une pâte lisse. Retirez du feu et laissez tiédir. Séparez les blancs et les jaunes des 3 œufs. Fouettez les jaunes avec le chocolat fondu. Ajoutez une pincée de sel dans les blancs et battez-les en neige ferme. Incorporez délicatement les blancs au chocolat. Placez la mousse au frais pendant 1 heure.

• Préchauffez le four à 200 °C (th. 6-7).

• Dans un grand bol, mélangez le sucre, la farine et une pincée de sel. Fouettez légèrement les blancs d'œufs, puis ajoutez-les au mélange sucre-farine. Faites fondre le beurre et incorporez-le. Étalez 12 cuillerées de pâte sur une plaque antiadhésive en les espaçant bien, la pâte s'étalant à la cuisson. Procédez éventuellement en plusieurs fois. Faites cuire 5 minutes, puis décollez les tuiles encore chaudes avec une spatule et laissez refroidir.

• Concassez les pralines.

• Déposez une tuile sur chaque assiette. Recouvrez de mousse au chocolat, puis de framboises et de pralines concassées. Recommencez l'opération. Terminez par une tuile. Servez sans attendre.

Millefeuilles de crêpes au melon grillé

Pour 4 personnes

1 melon

1 mangue

2 cuill. à soupe de jus de citron vert

2 petits œufs

45 cl de lait

20 g de beurre

125 g de farine

2 cuill. à soupe de noix de coco râpée

1 cuill. à soupe de sirop de canne

2 cuill. à soupe de sucre

1 pincée de sel

Pour une note encore plus exotique, remplacez le lait par du lait de coco que vous trouverez facilement en conserve au rayon exotique de votre magasin. Vous pouvez aussi préparer de grandes crêpes et les replier sur elles-mêmes en intercalant des tranches de melon grillé.

• Préparez la pâte à crêpes : dans un grand bol, mélangez la farine, le sucre et le sel avec les œufs. Ajoutez le lait et fouettez. Laissez reposer 20 minutes.

• Pelez la mangue et détachez la chair du noyau. Réduisez-la en purée au mixeur ou au blender en ajoutant progressivement le jus de citron vert, le lait et le sirop de canne. Réservez au frais.

• Dans une petite poêle à pancakes beurrée, faites cuire 12 crêpes. Réservez-les au chaud recouvertes de papier aluminium afin de les garder bien moelleuses.

• Placez la noix de coco râpée dans une petite poêle antiadhésive et faites-la dorer légèrement pendant quelques minutes en remuant constamment. Retirez du feu.

• Coupez le melon en deux, ôtez les graines et la peau, puis coupez la chair en lamelles fines. Saisissez les lamelles de melon à sec dans une poêle antiadhésive, 1 minute à feu vif de chaque côté.

• Placez une petite crêpe dans chaque assiette et recouvrez-la de lamelles de melon grillé. Répétez l'opération et terminez par une crêpe. Versez un peu de coulis de mangue sur chaque millefeuille et parsemez de noix de coco.

Millefeuilles de cookies aux poires, sauce chocolat

Pour 4 personnes

2 poires

1 œuf

80 g de beurre

10 cl de crème fleurette

1 cuill. à soupe de lait

100 g de farine

1/4 cuill. à café de bicarbonate de soude

50 g de pistaches vertes non salées

50 g d'amandes mondées

100 g de pépites de chocolat

200 g de chocolat noir

40 g de sucre roux

Le jus de 1/2 citron

1 pincée de sel

Pour réussir votre sauce au chocolat, ne vous passez surtout pas du bain-marie ou alors faites-la sur feu très doux : le chocolat n'aime pas la chaleur.

• Préchauffez le four à 180 °C (th. 6).

• Faites ramollir le beurre à température ambiante. Hachez grossièrement les amandes. Dans un bol, mélangez la farine, le sel et le bicarbonate. Battez le beurre ramolli et le sucre dans un saladier. Ajoutez l'œuf, puis le lait. Incorporez ensuite la farine et mélangez bien. Ajoutez les amandes hachées et les pépites de chocolat.

• Recouvrez une plaque à pâtisserie de papier sulfurisé. Déposez-y des petits tas de pâte en les aplatissant de façon à former des disques de 8 cm de diamètre environ. Espacez-les bien. Faites cuire 8 à 10 minutes. Décollez les cookies à l'aide d'une spatule et laissez-les refroidir sur une grille.

• Pour la sauce, cassez le chocolat en morceaux, placez-le dans un grand bol et faites-le fondre au bain-marie. Portez la crème à ébullition et ajoutez-la au chocolat fondu tout en fouettant. Gardez la sauce au chaud au bain-marie.

• Hachez grossièrement les pistaches. Coupez les poires en deux, pelez-les et ôtez le cœur. Détaillez la chair en petits dés et arrosez d'un filet de jus de citron. Mélangez les dés de poire et les pistaches hachées.

• Montez les millefeuilles en alternant deux fois de suite un cookie, des dés de poire et des pistaches hachées. Servez avec la sauce au chocolat.

Millefeuilles de galettes bretonnes

Pour 4 personnes

2 pêches

2 œufs

125 g de mascarpone

65 g de beurre salé

2 cuill. à soupe de confiture de lait

100 g de farine

3 g de levure chimique

1 gousse de vanille

50 g de sucre glace

65 g de sucre en poudre

Si vous achetez des galettes bretonnes déjà préparées, choisissez une variété plutôt fine.

• Préparez la mousse au mascarpone : dans un grand bol, battez un jaune d'œuf et le sucre glace jusqu'à ce que le mélange blanchisse. Ajoutez le mascarpone et continuez de battre. Fendez la gousse de vanille en deux et grattez les graines avec la pointe d'un couteau. Ajoutez-les au mascarpone et mélangez bien. Montez un blanc d'œuf en neige ferme, puis incorporez-le délicatement au mascarpone. Gardez au frais pendant 1 heure minimum.

• Faites ramollir le beurre salé à température ambiante dans un bol. Ajoutez le sucre en poudre et mélangez bien à l'aide d'une spatule. Battez un œuf et incorporez-le au mélange beurre-sucre. Ajoutez la farine et la levure en les tamisant à l'aide d'une petite passoire. Malaxez avec les mains et formez une boule de pâte. Enveloppez-la dans du film plastique et réservez au frais pendant 30 minutes.

• Préchauffez le four à 200 °C (th. 6-7).

• Farinez le plan de travail et étalez la pâte sur une épaisseur de 3 mm. Découpez des ronds de 6 cm de diamètre et déposez-les sur une plaque à pâtisserie recouverte de papier sulfurisé. Enfournez et faites cuire pendant 10 minutes, jusqu'à ce que les galettes soient dorées. Laissez refroidir à température ambiante.

• Pelez les pêches et coupez-les en fines lamelles.

• Placez une galette sur chaque assiette. Étalez une fine couche de confiture de lait, recouvrez de mousse au mascarpone, puis disposez des lamelles de pêche. Recommencez l'opération et terminez par des lamelles de pêche.

Index des recettes